Auf Wolkenbürgschaft

Impressum
Auf Wolkenbürgschaft

Gedichte und Prosa · Hilde Domin
Aquarelle · Andreas Felger
Laudatio auf Hilde Domin · Hans-Georg Gadamer
Herausgeben von Oliver Kohler
Druck und Bindung · Freiburger Graphische Betriebe

ISBN 978-3-87630-527-1
2008 | 2. Auflage
Präsenz Kunst & Buch • Gnadenthal • 65597 Hünfelden • www.praesenz-verlag.de

Auf Wolkenbürgschaft

Hilde Domin · Gedichte

Andreas Felger · Aquarelle

Herausgeben von Oliver Kohler

Präsenz

Hilde Domin, Dichterin der Rückkehr

von Hans-Georg Gadamer

Wozu Lyrik heute? – Diese Frage braucht dort nicht gestellt zu werden, wo das Gedicht das Ohr der andern gefunden hat. Die Verleihung des Droste-Preises an Hilde Domin spricht für sich selbst. Hier wird ein dichterisches Werk ausgezeichnet, das sich beständig gegen die bange Frage „Wozu Lyrik heute?“ seine eigene Antwort verbürgt. Diese Verse, die heute in einigen schmalen Gedichtbänden vorliegen (und denen Prosaarbeiten und literarästetische Studien der Dichterin zur Seite stehen), haben einen unverwechselbaren Ton, einen Ton, der wie Atem verhaucht.

Wer das erste der Bändchen zur Hand nimmt, erfährt aus dem Umschlag, daß diese Gedichte – bis auf wenige Ausnahmen – erst nach der Rückkehr nach Deutschland entstanden sind, Schöpfungen eines durch ein Wanderschicksal gereiften Lebens. Das scheint mir von symbolischer Wahrheit. Hilde Domin ist die Dichterin der Rückkehr.

Bedenken wir, was das heißt. Es heißt nicht, daß hier ein privates Geschick der Vertreibung und der Heimkehr seine Darstellung im Wort suchte und fand. Es heißt auch nicht, daß hier ein allgemeines deutsches Schicksal, das uns zerriß, dessen Wunden sichtbare Narben hinterließen und das nicht zu schließende Risse verursacht hat, dichterische Bewältigung erfuhr. Man möge mir verzeihen – aber was die dichterische Gültigkeit dieser Schöpfungen ausmacht, ist nicht von der Art politischer Lyrik, selbst dort nicht, wo die unvertilgbaren Spuren politischen Geschehens, „silence“ und „exile“, Rückblick auf graue Jahre und erneute Angst um die Freiheit, sichtbar zutage treten. Auch dann nicht, wenn man realisiert, daß der Atem dieser Verse, der so leise ist, daß er einem beinah immer ausgeht, in beständigem Zuspruch dazu ermutigt, an Rückkehr zu glauben.

Das alles ist da, und doch auch noch mehr. Rückkehr ist noch anderes als das Wagnis und Unterfangen eines ehedem ins Exil Gegangenen, und die Bilanz dieses Lebensschicksals ist noch anderes als die Summe der Erfahrungen von Verlust und Abschied, Fremde und Ferne, Wanderschaft, Freundschaft, Liebe und wie immer man die Reihe der Erfahrungen fortsetzen mag, die hier anklingen. Es sind Dichtungen. Sie reden von uns allen. Wir alle wissen oder müssen lernen, was Rückkehr ist. So begegnen wir uns in diesen Versen selbst, indem wir lernen, was wir wissen.

Hilde Domins Verse lassen uns darüber hinaus auf eine neue Weise verstehen, was Dichtung ist. Wer mit ihr realisiert, was Rückkehr ist, weiß mit einem Male, daß Dichtung immer Rückkehr ist – Rückkehr zur Sprache. Darin liegt die doppelte Symbolkraft ihrer dichterischen Aussage.

Was ist Rückkehr? Rückkehr ist nicht bloß Wieder-da-Sein. Rückkehr ist doppelter Abschied. Wer – nach langem Fernsein – zurückkehrt, muß von etwas lassen, das sein zu werden begann. Folgen wir nachdenkend einigen Versen. Da heißt es:

Ein Reh tritt aus dem Wald,
und eine kleine Kirche auf einem Hügel
mit einem einsamen Kirchhof
winkt dir zu.
Du wägst ihren Gruß
wie eine Einladung,
die man eines Tages
– noch ungewiß, wann –
vielleicht gerne
annehmen möchte.

Und daran erkennst du,
daß du
hier ein wenig mehr
als an andern Stätten
zuhaus bist.

Wenn einer das zu spüren beginnt und es nun doch wieder lassen soll, so macht ihm das neu bewußt, was er einst lassen mußte. So ist Rückkehr ein zweideutiges Geschenk. Sie ist nicht ein Zurückbekommen dessen, was man verloren hatte, sondern zugleich neuer Verlust. Und was ist ihr Gewinn? Die Rückkehr beschenkt mit Wiedererkennen, jedoch im gleichen Atemzug erschreckt sie durch Nichtwiedererkennen.

Meine Füße wunderten sich
daß neben ihnen Füße gingen
die sich nicht wunderten.

Es ist nicht nur so, daß alles andere anders geworden ist, als es war, sondern vor allem so, daß wir selber anders geworden sind, als wir waren. Es gibt kein Zurück. Und auf einmal weiß man: Was wie das besondere Los des heimatlos Gewordenen klingt

„Unsere Sprache sprichst du",
sagen sie überall
mit Verwundern.
Ich bin der Fremde,
der ihre Sprache spricht.

ist in Wahrheit ein allgemeines Los. Immer gehen wir aus, und überall ist Verwundern und kein leichtes Verstehen. Weil das überall so ist, ist Rückkehr niemals reiner Gewinn. Mehr noch: sie ist ein neuer Abschied – der dritte Abschied. Denn jetzt erst ist das, wovon man Abschied nehmen mußte, ganz von einem geschieden, seit auch die Rückkehr nichts mehr zurückbringt.

Das heißt nicht, daß Rückkehr schlichte Enttäuschung ist. Rückkehr ist Erkenntnis. Gewiß, alle Erkenntnis ist Abschied. Aber was im Abschied reift, ist selber Erkenntnis. Ein neuer Abstand ist gewonnen. Das Atemlose der Erwartung wird still. Nicht länger werden Ziele planvoll verfolgt. Vieles entgleitet wie Träume, und unerwartet ist, wohin man kommt. Ein Gedicht, das ich besonders liebe, spricht aus, was nicht nur von der Traumfahrt gilt.

KARPATHOS

Treulose Kahnfahrt

Aber der Traum ist ein Kahn
zu dem falschen Ufer.
Du steigst ein
an dem schimmernden Holzsteg des Gestern.
Du bist eingeladen
zu einer Fahrt über rosa Wolken
unter rosa Wolken,
wolkengleich.

Ein Hauch der Luft,
du bist so leicht,
der Kahn so steuerlos,
das Wasser so spiegelglatt.
So sanft verlierst du die Richtung:
du bist noch unterwegs nach der Wiese im Licht,
wenn der Sand schon unter dem Kiel knirscht
im Schatten der Weiden.

So wird Rückkehr zur Einkehr. Denn von wo man zurückkehrt – das Exil läßt man nicht irgendwo da draußen.

Unverlierbares Exil
du trägst es bei dir
du schlüpfst hinein
gefaltetes Labyrinth
Wüste
einsteckbar

Man irrt in der Wüste sein Leben lang und weiß, daß die fruchtbringende Oase, in der alles glücklich endet, nie sein wird. Die Dichterin wird in einer ihrer persönlichsten Gebärden kenntlich, wenn man liest:

Immer den Kopf geneigt
einer Stimme entgegen
von der ich schon weiß
ich werde sie nie
hören.

Und doch hört dies Lauschen „Lieder zur Ermutigung“. Woraus wachsen sie der Lauschenden zu?

Hier erhebt sich die dichterische Erfahrung in das Allgemeine der Erfahrung, die wir alle teilen: die Erfahrung des Wortes. Zunächst freilich scheint es die ausgezeichnete und alle vertretende Erfahrung des Dichtens.

Angst
meine
unsere
und das Dennoch jedes Buchstabens.

Das ist es: Für uns alle besteht der feste Buchstabe. Das Wort verbürgt sich selbst – und doch, welch Wagnis ist ein Wort.

Losgelöst
treibt ein Wort

auf dem Wasser der Zeit
und dreht sich
und wird getragen
oder geht unter.

Das Wort, das nicht untergeht, das ist das wie ein atemberaubender Glücksfall sich ereignende Gedicht. In ihm kommt das Flüchtige zum Bleiben, und die Atemreise des Wortes gelangt an ihr Ziel.

Meine Hand
greift nach einem Halt und findet
nur eine Rose als Stütze

Man denkt an die Blume des Mundes, wie Hölderlin die Muttersprache, die die Sprache des Dichtens ist, nennt. Und nun begreift man in einem, warum der Dichter an unser aller Stelle steht. Das Verhalten des Dichters zur Sprache ist für uns alle Rückkehr zur Sprache, Abschied und Erkenntnis zugleich. Denn nie sind Worte sich gleich. Der Dichter ist immer aus dem Selbstverständlichen ausgewandert. In dem Atem der Atemlosigkeit, die ihn überall ein Verwundern erregen läßt, wird das Gedicht geboren. Das ist ein Äußerstes der Vereinzelung. Aber ist es nicht auch Rückkehr in das allen Gemeinsame? Nicht nur so, daß der Dichter aufgenommen wird von der Sprache, die alle sprechen. Auch so, daß wir mit ihm mitgegangen sind in Abschiede und Erkenntnisse. Auch so, daß wir selber immer wieder aus dem Selbstverständlichen auswandern – wir nennen das Denken – und zurückkehren in ein Andersgewordenes – wir nennen das Erkenntnis. Nur weil wir selber so gehen, gehen wir auch mit dem Dichter mit.

Wer es könnte
die Welt
hochwerfen
daß der Wind
hindurchfährt.

Wer es kann, ist das Gedicht. Das Nächstgegebene wird durchlässig. Es ist nicht länger das Vertraute und Bekannte. Und doch ist es nicht fremd schlechthin, sondern auf eine rätselhafte Weise urvertraut. Es ist in Hilde Domins Versen noch etwas von der Gegenwart des Kindes.

Da stand ein Stein,
ein grauer Stein,
auf einem Hügel im Feld.
„Lieber Stein", sagte ich,
„nimm mich an,
als seist du ein kleiner niedriger Stuhl
vor einem Herdfeuer
an dem ein Topf Milch steht.
Bei dir will ich bleiben.

Ich will auspacken,
und wie ein Kind
seine Tasche
umdreht
und seine Murmeln
und einen zerdrückten Maikäfer
auf dem Boden ausbreitet,
will ich das Meine um dich legen.«

Das ist mehr als ein vergleichendes „Wie“. Man erkennt sich selbst in dem, was man am Kinde sieht, nicht nur, daß man auch so war, ganz so, sondern daß man noch immer so ist. Der zerdrückte Maikäfer, über den die Großen lächeln – lächeln wir nicht über uns selbst? Daß man mitnehmen mußte, wovon man sich nicht trennen konnte, auch wenn es einem nichts mehr sein kann – unzerstörlich bleibt der Drang in einem jeden von uns, alles das Meine um sich auszubreiten. Das allen Gemeinsame baut sich so zum Gedicht auf – aus all unseren Vereinzelungen und Erkenntnissen.

sie treffen sich
werden zusammengebogen
die Botschaften
jeder redet für jeden
gefiltert
die tonlosen Worte
und umgewandelt
in das Wort

Es ist Wandlung ins Gebilde, was geschehen muß, damit das Wort zur Bürgschaft für das Ding wird. Im Gleichgewicht von Klang und Bedeutung und in der Spannung zwischen Klang und Bedeutung, in der sich alles Sprechen suchend und findend bewegt, ist Dichtung ein Höchstes von Gegenwart. Kein Abstand mehr ist zwischen Meinen und Sein, kein Anhauch von Draußen, der frösteln macht: Im Gedicht erreicht die Sprache die volle Hautnähe von Wort und Ding.

Wort und Ding
lagen eng aufeinander
die gleiche Körperwärme
bei Ding und Wort

So ist die Rückkehr und Einkehr zur Sprache, die der Dichter vollbringt, nicht nur seine eigene Rückkehr, in der er sich wiederfindet, weil er alles verlor, es ist unser aller Rückkehr zu uns selbst, in der wir uns finden.

Denn wir essen Brot
aber wir leben von Glanz.

Unterwegs

Von Herberge zu Herberge
Vergessenheit.
Der eigene Name
wird etwas Fremdes.

Deine Mutter
lebt nirgendwo,
ist längst dein Kind geworden,
das du nicht gebierst.

Und daß dich einer liebt,
daß man dich anders lieben kann
als im Vorübergehn,
das nimmt dich wunder.

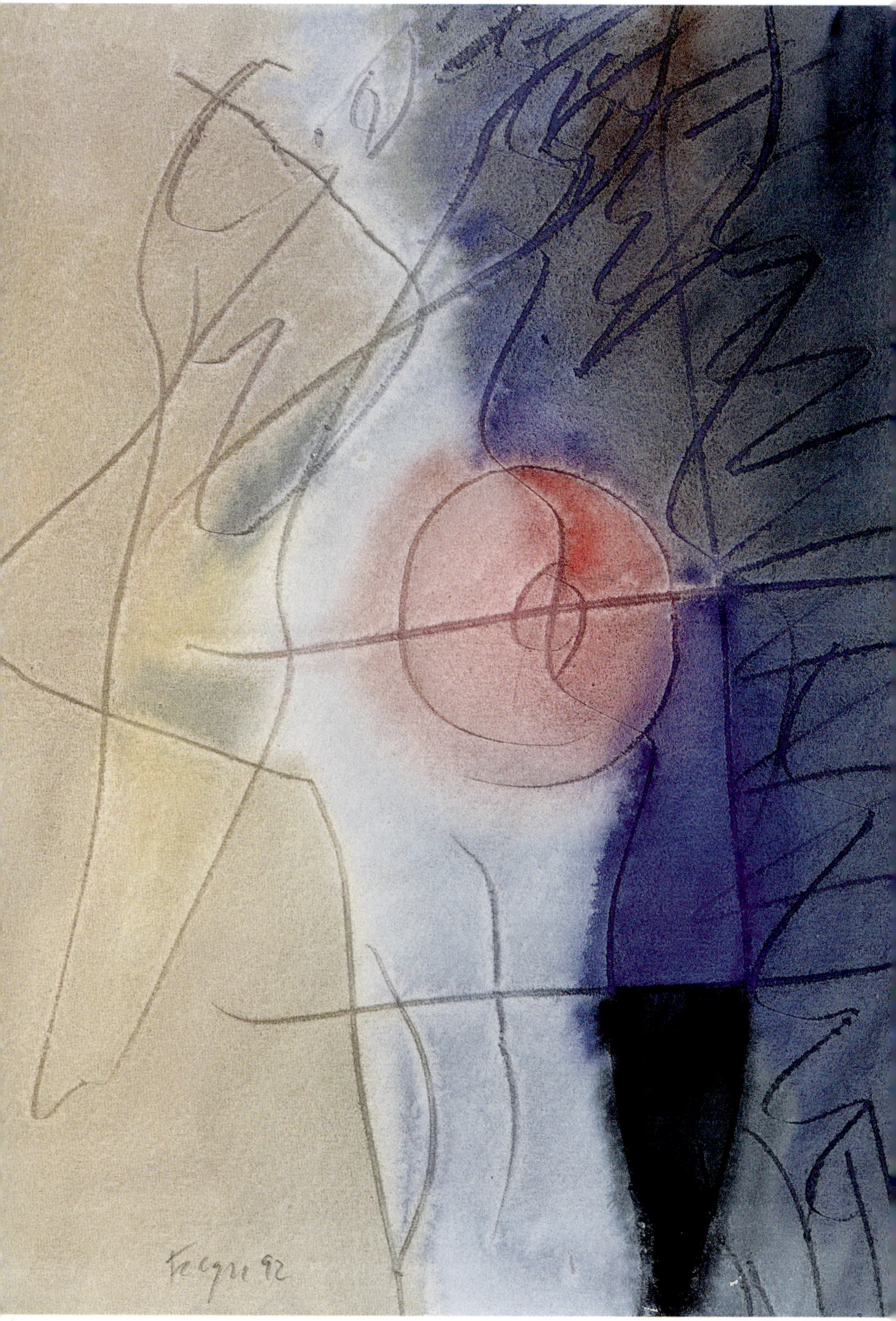

Landen dürfen

Ich nannte mich
ich selber rief mich
mit dem Namen einer Insel.

Es ist der Name eines Sonntags
einer geträumten Insel.
Kolumbus erfand die Insel
an einem Weihnachtssonntag.

Sie war eine Küste
etwas zum Landen
man kann sie betreten
die Nachtigallen singen an Weihnachten dort.

Nennen Sie sich, sagte einer
als ich in Europa an Land ging,
mit dem Namen Ihrer Insel.

Inselmittag

Wir sind Fremde
von Insel
zu Insel.
Aber am Mittag, wenn uns das Meer
bis ins Bett steigt
und die Vergangenheit
wie Kielwasser
an unsern Fersen abläuft
und das tote Meerkraut am Strand
zu goldenen Bäumen wird,
dann hält uns kein Netz
der Erinnerung mehr,
wir gleiten
hinaus,
und die abgesteckten
Meerstraßen der Fischer
und die Tiefenkarten
gelten nicht
für uns.

Heimkehrer

Alle Erinnerung weggelitten
zu weit
zu weit über das Ziel
vor Heimweh.

Aber die Zärtlichkeit
eines Keimblatts
ohne die kein Wachstum ist
der Schutz
einer Hand.

Die hohe Spirale
auf der wir
alles
viel zu spät lernen.

Lektüre

Durch ein großes Tor
ziehn die Bücher in mich ein
sie zahlen etwas
bei ihrem Eintritt
sie geben etwas ab
bei meiner unsichtbaren Garderobiere

Das Theater
in das sie eintreten
ist dunkel
ich selber stehe am Eingang
die die ich liebe
ich weiß nicht wie sie herauskamen

kommen immer von neuem

Rufe nicht

Lege den Finger auf den Mund.
Rufe nicht.
Bleibe stehen
am Wegrand.
Vielleicht solltest du dich hinlegen
in den Staub.
Dann siehst du in den Himmel
und bist eins mit der Straße,
und wer sich umdreht nach dir
kann gehen als lasse er niemand zurück.
Es geht sich leichter fort,
wenn du liegst als wenn du stehst,
wenn du schweigst als wenn du rufst.
Sieh die Wolken ziehn.
Sei bescheiden, halte nichts fest.
Sie lösen sich auf.
Auch du bist sehr leicht.
Auch du wirst nicht dauern.
Es lohnt sich nicht Angst zu haben
vor Verlassenheit,
wenn schon der Wind steigt
der die Wolke
verweht.

Kindergespräch

Ich redete gerne mit dir
von heute
als seien wir alt,
als seien viele Jahre verflossen
seit dem Tag von dem wir reden.
Seit jetzt.

Wir lägen im Dunkel
sehr weit voneinander
und wären nur Stimmen
wie Kinder die vor dem Einschlafen
sich etwas erzählen
oder ein Lied singen.

Wir reden lächelnd,
mit kleinem Atem,
beinahe schweigend,
von den dunkeln Ufern
des Zimmers
und der Zeit zwischen heute und dann.

Und wenn mit dem Licht das Jetzt zurückkommt
ist es lange vergangen
und tut nicht mehr weh,
fern und beschützt wie ein Kindheitserlebnis:
niemand kann es uns nehmen
– aber wir haben es nicht.

Herbstzeitlosen

Für uns, denen der Pfosten der Tür verbrannt ist,
an dem die Jahre der Kindheit
Zentimeter für Zentimeter
eingetragen waren.

Die wir keinen Baum
in unseren Garten pflanzten,
um den Stuhl
in seinen wachsenden Schatten zu stellen.

Die wir am Hügel niedersitzen,
als seien wir zu Hirten bestellt
der Wolkenschafe, die auf der blauen
Weide über den Ulmen dahinziehn.

Für uns, die stets unterwegs sind
– lebenslängliche Reise,
wie zwischen Planeten –
nach einem neuen Beginn.

Für uns
stehen die Herbstzeitlosen auf
in den braunen Wiesen des Sommers,
und der Wald füllt sich
mit Brombeeren und Hagebutten –

Damit wir in den Spiegel sehen
und es lernen
unser Gesicht zu lesen,
in dem die Ankunft
sich langsam entblößt.

Älter werden
Antwort an Christa Wolf

„Du weinst um das Nachlassen …und, so unglaublich es sein mag, den unvermeidlichen Verfall der Sehnsucht.“ („Kindheitsmuster“)

1

Die Sehnsucht
nach Gerechtigkeit
nimmt nicht ab
Aber die Hoffnung

Die Sehnsucht
nach Frieden
nicht
Aber die Hoffnung

Die Sehnsucht nach Sonne
nicht
täglich kann das Licht kommen
durchkommen

Das Licht ist immer da
eine Flugzeugfahrt reicht
zur Gewißheit

Aber die Liebe

der Tode und Auferstehungen fähig
wie wir selbst
und wie wir

der Schonung bedürftig

Wahl

Ein Mandelbaum sein
eine kleine Wolke
in Kopfhöhe über dem Boden
ganz hell
einmal im Jahr

Einer im kleinen Stoßtrupp
des Frühlings
keinem zu Leid als sich selber
im Glauben an einen blauen Tag
vor Kälte verbrennen

Ein kleiner Mandelbaum sein
am Südhang der Pyrenäen
oder im Rheintal
der bleibt und wächst
wo er gepflanzt ist

Aber entlang gehen
bei diesem Mandelbaum
oder ihn plötzlich sehn
wenn der Zug
aus dem Tunnel kommt

Lachen und Weinen und die unmögliche
Wahl haben
und nichts ganz recht tun
und nichts ganz verkehrt
und vielleicht alles verlieren

Doch mit Ja und Nein und Für-immer-vorbei
nicht müde werden
sondern dem Wunder
leise
wie einem Vogel,
die Hand hinhalten

Der große Luftzug

Das Wort neben mir
der Saum des Worts
ganz dicht

tief atmen
die Haut
zwischen dem Wort und mir
durchatmen

der große Luftzug
in dem die Worte fliegen

Hausschlüssel

Wir halten sie fest
diese Schlüssel,
wir reisen mit ihnen,
wir Ausgewiesenen,
auch wir.

Das Herz, deine alte
Wohnung,
hat hellerleuchtete Fenster,
die Gesichter drinnen
sind fremd.

Nur im Traum
könntest du eintreten
mit diesen Schlüsseln
die im Wachen so schwer
in den Händen wiegen.

Exil

meinem Vater

Der sterbende Mund
müht sich
um das richtig gesprochene
Wort
einer fremden
Sprache.

Entfernungen

3

Die sanfte Kuppe
unwiederholbar
du berührst
die Haut der Dinge
mit deiner Haut
die Rundung und die Kanten
der Dinge
ganz sanft
ihre Außenseite.

Abfahrt aus Spanien

Ich liebe dies kahle Land
und will nichts haben.

Nur die Zeit
um mit der Zeit
allein zu sein.

Und einer Wolke zuzusehen
oder dem Blässerwerden
des Abends.

Mit der Sehnsucht von immer
und der Angst
von heute.

Warte auf nichts

Vom Baum des Himmels
sind die Wolken auf die Erde gefallen.
Das Land ist gefleckt
von großen dunklen Blättern.

In den Straßen der Traurigen
werden die Fensterrahmen
in der Farbe des Himmels gemalt,
in der Farbe der Sonne
in den lichtlosen Häusern.

Taubenschläge auf den Dächern
für ein hellgefiedertes Gestern,
das nicht wiederkehrt.

Nur das Geläute am Waldrand.
Wellen von kleinen Glocken
bis in das Zimmer.
Zieh die Schuhe aus,
netze die Füße.

Warte auf nichts
als das Läuten
der kleinen Glocken
am Waldrand.

Lieder zur Ermutigung

I

Unsere Kissen sind naß
von den Tränen
verstörter Träume.

Aber wieder steigt
aus unseren leeren
hilflosen Händen
die Taube auf.

II

Lange wurdest du um die türelosen
Mauern der Stadt gejagt.

Du fliehst und streust
die verwirrten Namen der Dinge
hinter dich.

Vertrauen, dieses schwerste
ABC.

Ich mache ein kleines Zeichen
in die Luft,
unsichtbar,
wo die neue Stadt beginnt,
Jerusalem,
die goldene,
aus Nichts.

III

für Li

Diese Vögel
ohne Schmerzen,
diese leichtesten goldenen
Vögel
dahintreibend
über den Dächern.

Keiner
nach dem andern
fragend.

Ohne Bitte,
ohne Sehnsucht,
sich mischend, sich trennend.

Wir,
unter den Dächern,
uns anklammernd.

Sieh,
die Sonne kehrt
wieder
als goldener Rauch.
Die fallende steigt.
Steigt aus den Dächern Hiobs.
Es tagt
heute
zum zweiten Mal.

Wie wenig nütze ich bin

Wie wenig nütze ich bin,
ich hebe den Finger und hinterlasse
nicht den kleinsten Strich
in der Luft.

Die Zeit verwischt mein Gesicht,
sie hat schon begonnen.
Hinter meinen Schritten im Staub
wäscht Regen die Straße blank
wie eine Hausfrau.

Ich war hier.
Ich gehe vorüber
ohne Spur.
Die Ulmen am Weg
winken mir zu wie ich komme,
grün blau goldener Gruß,
und vergessen mich,
eh ich vorbei bin.

Ich gehe vorüber –
aber ich lasse vielleicht
den kleinen Ton meiner Stimme,
mein Lachen und meine Tränen
und auch den Gruß der Bäume im Abend
auf einem Stückchen Papier.

Und im Vorbeigehn,
ganz absichtslos,
zünde ich die ein oder andere
Laterne an
in den Herzen am Wegrand.

Frage

Wenn der Vogel ein Fisch wird
dieser kleine Teil von dir
der immer aufstieg

wenn er stumm

in händeloser flügelloser Welt
nicht lernt
Fisch unter Fischen zu sein?

Unsere langen Schatten

Unsere langen Schatten
im Sternenlicht
und der Wein auf der Erde
Wie eng am Tode
führt unser Weg
Oh Lieber bedenk es
wie geliehen wir sind
wie flüchtig das Unsre
das Gefühl und wir selbst
Was Du heute an Ich sparst
und nicht bis zum Rand gibst
ist morgen vielleicht
so traurig und unnütz
wie die Puppe
nach dem Begräbnis des
Kinds

Nur die klingende
bis zur äußersten
Haut des Herzens gespannte
Stunde besteht

Spindel

Ich
eine große goldene
Spindel im Blau
schwebend ohne Gewicht
wie ein Löwenzahnsamen
oder als sei der Himmel
das Meer
und trage mich
leuchtend
auf seinem Scheitel.

Jedes Ding
das du anrührst
und sei es der Apfel bei Tisch
von meinen goldenen Fäden
so übersponnen
wie der Globus von Graden.

Ich das Blatt
am trockenen Ast
eines unsichtbaren Baums
das sich im Wind dreht.

Rückkehr

Meine Füße wunderten sich
daß neben ihnen Füße gingen
die sich nicht wunderten.

Ich, die ich barfuß gehe
und keine Spur hinterlasse,
immer sah ich den Leuten auf die Schuhe.

Aber die Wege feierten
Wiedersehen
mit meinen schüchternen Füßen.

Am Haus meiner Kindheit blühte
im Februar
der Mandelbaum.

Ich hatte geträumt,
er werde blühen.

Einhorn

Die Freude
dieses bescheidenste Tier
dies sanfte Einhorn

so leise
man hört es nicht
wenn es kommt, wenn es geht
mein Haustier
Freude

wenn es Durst hat
leckt es die Tränen
von den Träumen.

Im Tor schon

Im Tor schon
hobst du den Blick.
Wir sahen uns an.

Eine große Blüte stieg
leuchtend blaß
aus meinem Herzen.

Signal

Eine Möwe
rosa im Abendlicht
helles Signal über der Bucht.
Wir sehen uns an.

Die Gräser geben sich
zärtliche Zeichen
im Wind.
Sind wir deutlicher?

Alle weißen Blüten
saugen einen Vorrat von Sonne
gegen die Nacht.

Aber wir?

Es gibt dich

Dein Ort ist
wo Augen dich ansehn
wo sich die Augen treffen
entstehst du

Von einem Ruf gehalten
immer die gleiche Stimme
es scheint nur eine zu geben
mit der alle rufen

Du fielest
aber du fällst nicht
Augen fangen dich auf

Es gibt dich
weil Augen dich wollen
dich ansehn und sagen
daß es dich gibt

Auf Wolkenbürgschaft

für Sabka

Ich habe Heimweh nach einem Land
in dem ich niemals war,
wo alle Bäume und Blumen
mich kennen,
in das ich niemals geh,
doch wo sich die Wolken
meiner
genau erinnern,
ein Fremder, der sich
in keinem Zuhause
ausweinen kann.

Ich fahre
nach Inseln ohne Hafen,
ich werfe die Schlüssel ins Meer
gleich bei der Ausfahrt.
Ich komme nirgends an.
Mein Segel ist wie ein Spinnweb im Wind,
aber es reißt nicht.
Und jenseits des Horizonts,
wo die großen Vögel
am Ende ihres Flugs
die Schwingen in der Sonne trocknen,
liegt ein Erdteil
wo sie mich aufnehmen müssen,
ohne Paß,
auf Wolkenbürgschaft.

Unterwegs

Über mir
wölb ich den Lichtball.

Wenn meine Stimme leiser wird
wo soll ich hin
mit diesem Ich
das täglich Junge wirft
Neugeburten.

Die Sonne
kommt nicht wieder
und geht nicht unter.
Ich
unterwegs

in einer Fruchthülle
aus Licht.

Ratschlag (nicht nur) für Abiturienten

Vermehrt den Haß nicht. Vermehrt die Angst nicht. Geht auf Distanz zu Euch selbst, zu Eurer Angst. „Sich selber einmal auf den Kopf sehen können“, wünschte Büchner. „Sich selbst relativieren“, verlangte mein Lehrer Karl Mannheim. In dieser Distanz ist die Möglichkeit zur Freiheit. Das Nähe/Ferne-Verhältnis, dies Spannungsfeld, ist fast bei allem, was wir tun, eine Hauptsache.

Gebt dem andern eine Chance: Er hat so viel Angst vor Euch wie Ihr vor ihm. Er hält Euch seinerseits vielleicht für „Automaten“. Etikettiert ihn nicht. Vertrauen ist das Schlüsselwort. „Vertrauen, dieses schwerste ABC“. Buchstabiert es täglich neu. Ohne Wehleidigkeit.

Nicht „Verweigerung“. Verzicht ist das Gebot dieser historischen Stunde. Verzicht auf den eigenen Vorteil. Verzicht darauf, immer und überall „in“ sein zu müssen. Verzicht macht frei. – Verzicht auch auf die Benutzung der Sprachklischees, die die Wirklichkeit verdecken. Distanz, Hinsehen, Genau-Hinsehen. Selber Benennen.

Bereit sein für die Augenblicke, wo Zeit stillsteht. In denen der Mensch er selbst ist. Ganz er selbst, nur dann ist er auch fähig, eins zu werden mit dem andern. Das ist das Paradox: Zeit ist nur, wo Zeit aufhört: in der Pause. Nur ein Ich kann seines Nächsten Bruder sein.

Ich plädiere hier für eine bescheidene, ungeschützte Art von Emanzipation: ohne Rückzugslinien. Als einziges Credo die menschliche Solidarität. Niemanden im Stich lassen, der Euch vertraut. Ich plädiere für das Unbequeme, das außerhalb der Schlagworte praktiziert wird: ohne Öffentlichkeit und ohne Lohn.

Das Wunder, das konkrete, kleine Wunder, wartet immer um die nächste Ecke für den, der es wahrnehmen mag.

Hilde Domin

Wie kaum eine andere Künstlerin deutscher Sprache verkörpert Hilde Domin eine Kunst des Weges. Grunderfahrungen des Menschen spiegeln sich in ihren Texten: Entwurzelung, Bedrohung, Vertreibung, Flucht, Überleben in der Ferne, das Vertrautwerden mit anderen Sprachen und Kulturen, schließlich das Wagnis eines neuen Anfangs. Das alles erfährt sie. Ihre Poesie ist voller Verweise auf Exil und Rückkehr. Zugleich verwandelt sie das eigene Erleben in ein exemplarisches, ausgespannt zwischen den Polen von Verlassen und Ankommen, Aufbrechen und Landen, von Gefahr und Bedrohung, von Verlust und Liebe.
In einer Familie jüdischer Herkunft wird Hilde Domin 1909 geboren. Mit ihrer Mutter, einer Sängerin, und ihrem Vater, einem Rechtsanwalt, verlebt sie Kindheit und Jugend in Köln. Das Studium der Rechtswissenschaften, Nationalökonomie, Soziologie und Philosophie führt sie an die Universitäten Heidelberg, Berlin, Bonn, Rom und Florenz. Bereits 1932 verläßt sie Deutschland, als sich die Machtübernahme der Nationalsozialisten abzeichnet. Die nächsten neunundzwanzig Jahre wird sie mit ihrem Mann, dem bedeutenden Archäologen und Philologen Erwin Walter Palm, an verschiedenen Orten der Welt leben und überleben: Italien, England, Dominikanische Republik und USA. Erschüttert vom Tod ihrer Mutter entstehen 1951 Domins erste Gedichte. 1954 kehrt sie erstmals nach Deutschland zurück. 1961 siedelt sich das Ehepaar in seiner alten Universitätsstadt Heidelberg an. Seit ihrem ersten Gedichtband (1959) ist sie im geistigen Leben Deutschlands präsent: Gedichtbände, der Roman „Das zweite Paradies“, theoretische Schriften und Essays… Zahlreiche Auszeichnungen und literarische Preise ehren dieses einzigartige Schaffen. Hilde Domin lebt und arbeitet in Heidelberg.

Andreas Felger

In einer der markantesten Regionen Süddeutschlands wird Andreas Felger 1935 in Belsen geboren. In der herben Schönheit der Schwäbischen Alb muß der Mensch seinen Platz erst finden. Sich zu begreifen als Teil eines Ganzen bleibt eine Grunderfahrung des Malers. Seine Ausbildung zum Musterzeichner und die Jahre an der Münchener Kunstakademie von 1954 bis 1959 weiten sein künstlerisches Spektrum. Zahlreiche öffentliche Gebäude und Plätze tragen seine Handschrift (Skulptur, Glasfenster, Wandteppich, Holzrelief ...) Seine Holzschnitte, Aquarelle und Ölbilder finden sich in vielen privaten und öffentlichen Sammlungen. Andreas Felger ist ein unermüdlicher Arbeiter. Und doch ist das Wesentliche für ihn nicht machbar, sondern ein Zufallendes. „Ora et labora – bete und arbeite", das uralte Motto leitet ihn. Von seinem Gnadenthaler Atelier aus führen ihn Malreisen u. a. an die Küstenformationen der USA und in die Felderteppiche der Provence, in die Lichtspiele der griechischen Inselwelt und in die schweigende Weite der Wüste Sinai, zu den Hell-Dunkel-Kontrasten Spaniens und an den Bodensee als Raum offener Horizonte.

Andreas Felger sagt von sich selbst: „Meine Suche gilt neuen Tiefen – im Holzschnitt, im Aquarell und im Ölbild. Mich interessiert das Phänomen der Grenze und des Übergangs. Häufig reihe ich Farbflächen aneinander und überziehe den Malgrund mit Linien. An ihren Schnittstellen wechsle ich den Tonwert einer Farbe von hell ins Dunkel und suche den Farbweg vom Rot zum Grün, vom Gelb zum Blau." Diese Kunst des Weges verbindet ihn mit der Lyrik von Hilde Domin.

Die Aquarelle:
8/9 Karpathos 2003, 56 x 75,5 cm · **15** 1992, 38 x 28 cm · **19** 2003, 22 x 29 cm · **22/23** 1998, 76 x 57 cm **27** 2004, 56 x 75,5 cm · **31** 2004, 22 x 29 cm · **34** 2002, 55 x 38 cm · **38/39** 2000, 37 x 55 cm **43** 2000, 17 x 24 cm · **47** 2004, 57 x 76 cm · **51** 1999, 28 x 19 cm · **54/55** 2003, 55,5 x 75,5 cm **59** 2003, 22 x 29 cm · **Schutzumschlag** 1999, 38 x 55 cm

Weitere Titel der Reihe:

Hilde Domin
Andreas Felger
Wer es könnte
Gedichte und Aquarelle
4. Auflage
ISBN 978-3-87630-514-1

Andreas Felger
Im Aufwind
Worte und Bilder
der Hoffnung und
Ermutigung
ISBN 978-3-87630-536-3

Andreas Felger
Variationen über Rot
Lyrik und Aquarelle
zum Mohn
ISBN 978-3-87630-532-5

Andreas Felger
Zauberwelt Liebe
Lyrik und Aquarelle
zur Liebe
ISBN 978-3-87630-535-6

Reiner Kunze
Andreas Felger
nocturne in E
Gedichte und
Aquarelle zur Musik
ISBN 978-3-87630-517-2

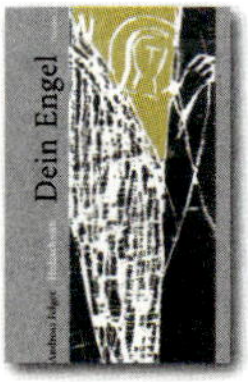

Oliver Kohler (Hg.)
Andreas Felger
Dein Engel
Gedichte
und Holzschnitte
ISBN 978-3-87630-524-0

Hilde Domin · Gesammelte Gedichte
S. Fischer Verlag · 435 Seiten · gebunden

Die „Gesammelten Gedichte“ geben einen Überblick über das Werk Hilde Domins, von seinen Anfängen in Santo Domingo, im Herbst 1951, bis 1985. Ihr Thema: Heimat, Liebe, Tod – die Grenzsituationen des Menschen im 20. Jahrhundert, in dem nichts mehr selbstverständlich ist.

Im ganzen werden etwa 100 bisher unveröffentlichte oder schwer zugängliche Texte vorgelegt und nach Entstehungszeit und innerem Zusammenhang lose in die neugeordneten Sammlungen eingefügt. Dazu kommen Übertragungen aus dem Englischen, Französischen, Spanischen und Italienischen, das meiste (wie Ungarettis »Tagebuch des alten Mannes«) in Zeitschriften abgedruckt.